Horst Haitzinger

NEUROSEN

EUROPA
PLEITE

Horst Haitzinger

NEUROSEN

Mit einem Vorwort
von Ottfried Fischer

Bruckmann

Umschlag-Vorderseite:
1994

Umschlag-Rückseite:
1994: Europawahl

Seite 2:
1983

Gedruckt auf chlorarm gebleichtem Umweltpapier

Die Deutsche Bibliothek – CIP-Einheitsaufnahme

Haitzinger, Horst :
N**EURO**sen / Horst Haitzinger. Mit einem Vorw. von Ottfried
Fischer. – München : Bruckmann, 1994
ISBN 3-7654-2696-2

Gesamtherstellung: Bruckmann, München
Druck: Gerber + Bruckmann, München
Printed in Germany
ISBN 3-7654-2696-2

Inhalt

Vorwort

Ein Faustscher Pakt: Da sitz ich nun ich armer Tor und tüftle an dem Wort zuvor. Große Ehre ist mir zuteil geworden, und ich habe mich freudig darauf eingelassen – nun aber besteht verlagsseitig der Zwang, dieses Vorwort jetzt auch wirklich verfassen zu müssen. Eine Einleitung für einen Künstler, der durch sein Werk schon fast zu Lebzeiten Legende ist. Und nun sitze ich da, angesichts des unausweichlichen Abgabetermins und werde, titelgemäß, selbst neurotisch ob solch gewaltiger Anforderung. Kurzum, ich fühle mich wie ein Karikaturist, der täglich eine Zeichnung für die Zeitung abliefern muß und um 16 Uhr noch nichts hat. Und sofort steigt mein Respekt vor dem Horst Haitzinger ins Unermeßliche. Das macht's mir auch wieder nicht gerade leichter.

Na gut (um einmal wie Berti Vogts einzusteigen), wenn ich ihn schon bewundere, fang ich auch ganz persönlich an:

Ein junger, niederbayerischer Mensch, Internats- und Klosterschüler war ich, als er mir erstmals in der gerade gegründeten Münchener tz auffiel: Eine Karikatur (Inhalt ist mir längst nicht mehr erinnerlich), deren Strich mich sofort verblüffte, magisch fesselte. Signiert war das Werk mit einem sehr charakteristisch wirkenden H vor einer darangehängten Jahreszahl. Da stimmte alles: Aussage, Inhalt, Form. Und, es war komisch, wirklich komisch! Alles schon damals so, wie es eben bis heute geblieben ist.

Nur zögerlich schwappt damals für junge aufgeschlossene Niederbayern die politische und gesellschaftliche Aufbruchstimmung jener Zeit aus den großstädtischen Zentren in die Provinz herüber. So hatte beispielsweise nur der »Pardon«-Bezieher in Chlodwig Poth einen Informanten aus der geheimnisvollen fernen Welt der APO, der WGs und angrenzender Gebiete. In diesem Notstandsgebiet für kritische Geister, wo es bis auf Hürlimann im landwirtschaftlichen Wochenblatt Karikaturen kaum gab, fiel ein Haitzinger sofort auf fruchtbaren Boden. Seine Bilder, so paradox das klingt, wurden bald weitererzählt, zumal unser heimisches Tageblatt, jene notorische Passauer Neue Presse, damals noch weniger Karikaturen im Angebot hatte als eine Pfarrbücherei Pornos.

Die tz, deren Zugpferd bis heute Haitzinger ist, mußte man allerdings schon damals nicht abonnieren, weil seine Karikaturen bald überall auftauchten. Den »Spiegel«, in dem nicht wenigstens zwei seiner Werke aus der Wochenproduktion für München abgedruckt sind, gibt es wohl nicht.

Und brennend also interessierte mich, wer denn das ist, dieser Horst Haitzinger.

Jahre später, im Fernsehen – Kinderprogramm – sah ich ihn. Ein sympathischer Mensch mit leichtem Einschlag ins oberösterreichische Idiom (für den Niederbayern ausländisch zwar, aber doch nachbarlich vertraut) saß im Kreise einiger Kinder und erklärte ihnen das Zeichnen von Karikaturen. War verständig, nahm die Kinder für voll, biederte sich nicht an und faszinierte auch sie mit seinem Strich.

Einige Zeit darauf, ich war längst selbst ins Gewerbe der aktuellen Verspottung eingetaucht, lernte ich ihn in einem Schwabinger gastronomischen Italofreigehege in Uninähe kennen. Er hatte gerade mit Gerhard Polt eine Art Vortrag für Studenten gehalten.

Eine Begegnung der angenehmen Art: Kein Witzbold leichten Sinnes, sondern ein nachdenklicher Mensch. Einer, dem die Dinge so stimmen, wie er sie, aus humanistischer Grundhaltung, in aller Ehrlichkeit vor sich selbst, in Achtung vor Mensch und Umwelt sieht. Ein Charakter, der sich nicht von Ideologien und Bewegungen auf die sogenannte »richtige« Meinung festlegen läßt. Diese persönliche Geradlinigkeit hat ihm bestimmt auch so manche Kritik eingebracht, und bis heute läßt sich sein gesamtes Werk niemals primär rechts oder links einordnen, nie war er Sklave sogenannter fortschrittlicher Ansichten. Und selbst wenn ich mal einer seiner Karikaturen inhaltlich nicht zustimmen kann, so nötigt mir doch die prinzipielle Haltung des Künstlers Respekt ab.

Wer in Bayern halbwegs »gut drauf« ist, verabsäumt nicht, wo immer es geht, die CSU ein bißchen zu ärgern. Dazu eine kleine Geschichte.

Ort: Salvatoranstich auf dem Münchner Nockherberg, wo unter jovialer Akklamation der bayerischen Politprominenz dieselbe, wie man es dort nennt, »derbleckt« wird. Zeit: kurz nach dem berüchtigten Weltwirtschaftsgipfel, welcher der Landeshauptstadt traurige Berühmtheit durch den sogenannten Münchener Kessel brachte. Auf dem Platz hinter dem Rathaus, dem Marienhof, wurden Antiweltwirtschaftsgipfeldemonstranten wegen Staatsgefährdung durch lautstarke Benutzung von Trillerpfeifen (!) von der Polizei eingekesselt. So dachte ich mir, daß es gerade in diesem illustren Kreise eine gute Pointe wäre, diesen Marienhof jetzt umzubenennen in »Platz des himmlischen Friedens«. Und so war es dann auch. Vorne bei den verantwortlichen Politikern christsozialer Couleur zwar gequältes Grinsen, aber hinten im Saal freudiger Jubel. Alle fanden es »riesig«, so nach dem Motto: »...da ist ihnen aber das Lachen vergangen!«. Nicht so Horst Haitzinger. Ihm mißfiel der legere Umgang mit solchen Vergleichen. Es sei nun immer noch ein Unterschied, ob, wie in China, Tausende von Menschen mit Panzern niedergemetzelt, oder ob in München hundert Demonstranten eingekreist würden.

Moral darf oberflächlichem Amüsement nicht geopfert werden, da heiligt kein Zweck die Mittel. Da nimmt einer sein komisches Schaffen ernst und läßt nun mal nicht fünf gerade sein – nicht einmal für einen guten Lacher.

Rigoros das Engagement in Umweltfragen. Mit allem gebotenen inhaltlichen Nachdruck, aber immer auch in kulinarischer zeichnerischer Leichtigkeit, frei von Holzhammer und Zeigefinger, klärt er auf. Mit seinen Mitteln leistet er, aus der Verzweiflung des Ohnmächtigen, seinen Beitrag für globales Überleben. Erfreulicherweise nicht nur in den Medien, die vornehmlich von Grünen und deren Sympathisanten gelesen werden. Veröffentlichungen in populären Blättern haben ihn selbst populär gemacht, so daß ihn das bürgerliche Lager nicht als alternativen Spinner abtut. Und das ist gut so, hat doch auch Inge Meysel, als Mutter der Nation, durch ihr Nein zu den Mittelstreckenraketen mehr erreicht als 1000 Kilometer Menschenkette. Kleine Schritte nur, aber Sympathieträger, die am richtigen Strang ziehen, braucht es.

Seit oben erwähnter Schwabinger Begegnung haben wir uns oft getroffen, bei Festen, Vorstellungen, Veranstaltungen etc. Wir tauschten gegenseitig unsere Gedanken und Bücher aus. Von mir gibt's nur zwei (und die sind teilweise schon vergriffen), im Gegensatz zu ihm, der schon per annum ein Vielfaches davon herausgibt, wofür er natürlich immer jede Menge Vorwortschreiber braucht (das allerdings läßt mich dieses Werk, zumindest partiell, den meinen hinzuzählen).

Haitzingers Bücher sind aber auch notwendig, sind Kataloge seines Schaffens quasi. Denn, lieber Leser, Achtung: Nur wo Haitzinger draufsteht, ist auch Haitzinger drinnen! Manch oberflächlicher Rezipient meint nämlich inzwischen, wegen der vielen Zeichner, die den Meister kopieren, er verdiene sich unter Pseudonym ein paar Brötchen dazu. Vorsicht, Fälschungen oder Abkupfereien! Immer genau prüfen: Nicht nur die Signatur, auch mangelnde Qualität entlarvt meist die Plagiatoren, die sich den unverwechselbaren Strich des Originals aneignen wollen. Aber Haitzinger ist letztlich fälschungssicher: Von 100 Karikaturen ist höchstens eine dabei, von der man sagen könnte, na ja, da hat ihm die Abgabeterminnot den Pinsel heftig geführt (tägliche Höchstleistungen bringt darüber hinaus nicht einmal die Realität). Die Nachäffer dagegen kommen bei hundert Zeichnungen oft nicht einmal auf eine gute.

Doch nun langsam mal zum Vorwort:

Haitzinger hat offensichtlich ein »Nervenleiden, durch Fehlsteuerung der Nerven entstanden, seelische Erkrankungen leichterer Art ohne erkennbare organische Ursachen«. So definiert jedenfalls das Fremdwörterlexikon den Begriff »Neurose«. Europa geht ihm, wie vielen, anscheinend auf die Nerven. Das verwundert nicht bei einem politischen Gebilde, so voller Ungereimtheiten, wo selbst ein Schönhuber dort im

Parlament sitzen will, wo er spätestens selber das ist, was er nicht leiden kann, nämlich Ausländer.

Da hat nun Haitzinger eine grenz- und zeitüberschreitende Therapie für die pathologische Bandbreite Europas gefunden: das Zeichnen von Karikaturen. In bester Tradition von Honoré Daumier (dessen Parlamentarierskizzen könnten ohne weiteres auch vom heutigen Europaparlament oder vom Bayerischen Landtag abgezeichnet sein) bis Thackeray (entlarvte seinerzeit Ludwig XIV. als overdressed aufgestylten, häßlich vergnomten Glatzkopf). So wird auch Haitzinger bleiben, mit seiner europäischen Karikatur der Regionen und der Nationen, Satire der Visionen, Kritisches für Millionen. (Aus-)gezeichnete Kleinkunst, die den europäischen Menschen im Europa von Stoiber bis Kohl, von Maastricht bis Kreuth dorthin stellt, wo er hingehört: in den Vordergrund! Der Europäer in all seinen Eigenarten, die große Chance zur Multikultur, das kann Freude, Stimmung und gute Laune bringen.

Nicht aber der eurokratische Zentralistenstumpfsinn, lieber frischen Wind ins europäische Haus! Aber, bittschön, jeder sein eigenes Appartement mit eigenem Bad und Küche. Nicht so, daß man zum Duschen immer vom Bett in München zur Naßzelle nach Brüssel eilen muß. Gerne einen europäischen Weinkeller und eventuell einen Speicher, den man gemeinsam ausbaut, aber keine WG, wo jeder, der gerade nix hat, dem anderen immer mal eben den Kühlschrank leerfrißt, ihn aber niemals auffüllt. Und vor allem regionale Sinnlichkeit statt dumpfer Gleichmacherei: keine schwäbischen Eiernudeln in Palermo und keinen irischen Eichstrich auf dem Oktoberfest. Europaparlament als Altersversorgung für senile Politiker, bitte, von mir aus – aus humanitären Gründen; aber bitte keine Brüsseler Bestimmungen über die Farbe von Kartoffelsäcken in der Oberpfalz!

Warum der letzte Absatz? Nun, immerhin hat uns Haitzinger in einem Auftragsplakat aufgefordert, an der Europawahl teilzunehmen. Da wird man doch etwas dazu sagen dürfen!
Bedeutsamer übrigens als der Wahlaufruf erschien mir die Tatsache, daß da plötzlich der Nebenkriegsschauplatz spekulativer Frauenfeindlichkeitsbeseitigung von einer Volksvertreterin unqualifiziert bemetzelt wurde. Der Zeichner hat sich nämlich des klassischen Motivs der Europa auf dem Stier bedient – bei ihm ein modernes Bikinimädchen. Das trieb obige Parlamentarierin in ihrer Eigenschaft als sozialdemokratische Mode-, Trend- und Zweckemanze in den lila Harnisch. Eine Parteifunktionärin, die in ständiger Tuchfühlung mit Männern der Macht mental wohl selber schon ein bißchen ins Maskuline mutiert ist (wäre das bei Damen dieser Kreise nicht so, hätten sie in den Parlamenten schon längst solch frauenfeindliche Unarten wie Leichtlohngruppen etc. abgeschafft!), will also, in wahlkampfbedingter rotblaustrümpfiger Spekulation, durch ihre Aktion auch noch die letzte unorganisiert umherdümpelnde

Hobbysuffragette als Stimmvieh gewinnen und zeiht dementsprechend, in dramatisch gestalteter Superwahljahresentrüstung, den Haitzinger der Frauenfeindlichkeit und fordert die Vernichtung des europabejahenden Posters.

Ein Unterfangen, das alle halbwegs Vernünftigen sofort rechtens in das Reich pervertierter Wichtigtuerei zu verweisen haben. Wer bei jeder Titte in Öl sofort hysterisch Frauenfeindlichkeit entdeckt, wird bald Rubens mit Salzsäure übergießen, und die Hysterie in Sachen feministischen Fliegenhustenhörens wird so weit gehen, daß diese Frauen den Frauen verbieten, bei kühlem Wetter T-Shirts ohne BH zu tragen, wegen frauenfeindlicher Lusterzeugung beim männlichen Betrachter durch temperaturbedingte Brustwarzenerektion; letztlich endet das beim Tschador.

Jenes Plakat, dessen Story auch im vorliegenden Buch dokumentiert wird, wurde also auf Grund jener Spezialdemokratin eingestampft. Geben wir jetzt noch Lafontaines Pressegesetze und Engholms Attacke gegen die Satirezeitschrift Titanic dazu, dann fällt doch auf, daß die SPD schön langsam eine richtig feine Zensurtradition bekommt. Ein SPD-Service zur Förderung der kritischen Kunst! Zensur ist Werbung und macht berühmt! In einer Zeit, in der selbst die Kirchen ihr medienwirksames Entrüstungspotential drastisch reduziert haben, wir für Entscheidungsträger kaum noch satisfaktionsfähig sind und auch aus Politikerfamilien keiner mehr auf die Idee kommt, Parodier- und Karikiergebühren zu verlangen, brauchen wir solche Subvention unbedingt. Subventionen aber sind das letzte, was in der EU abgeschafft wird!

Wie auch immer: Ob man aber in Europa wählt, für Europa wählt oder Europa wählt, eines muß man dem alten Kontinent lassen: Er hat Horst Haitzinger zu einem schönen Buch inspiriert. Und ein Erdteil, dem solches gelingt, kann so schlecht nicht sein!

Aber, was ein richtiger N**EURO**tiker ist, hat ja bis hierher gar nicht mehr gelesen, sondern ist längst schon mittendrin – in »Haitzingers N**EURO**sen«!
Viel Spaß dabei!

Firma Zeus & Erben

»War nett mit dir, Bill,
schau mal wieder vorbei!«

Januar 1994: US-Präsident Bill Clinton absolviert eine erfolgreiche Europatournee.

»Ich geb's auf, Mädchen,
du veränderst dich ja ständig!«

1991

JUGOSLAWIEN
AM ENDE
ARSCHAUER PAKT
AUFGELÖST

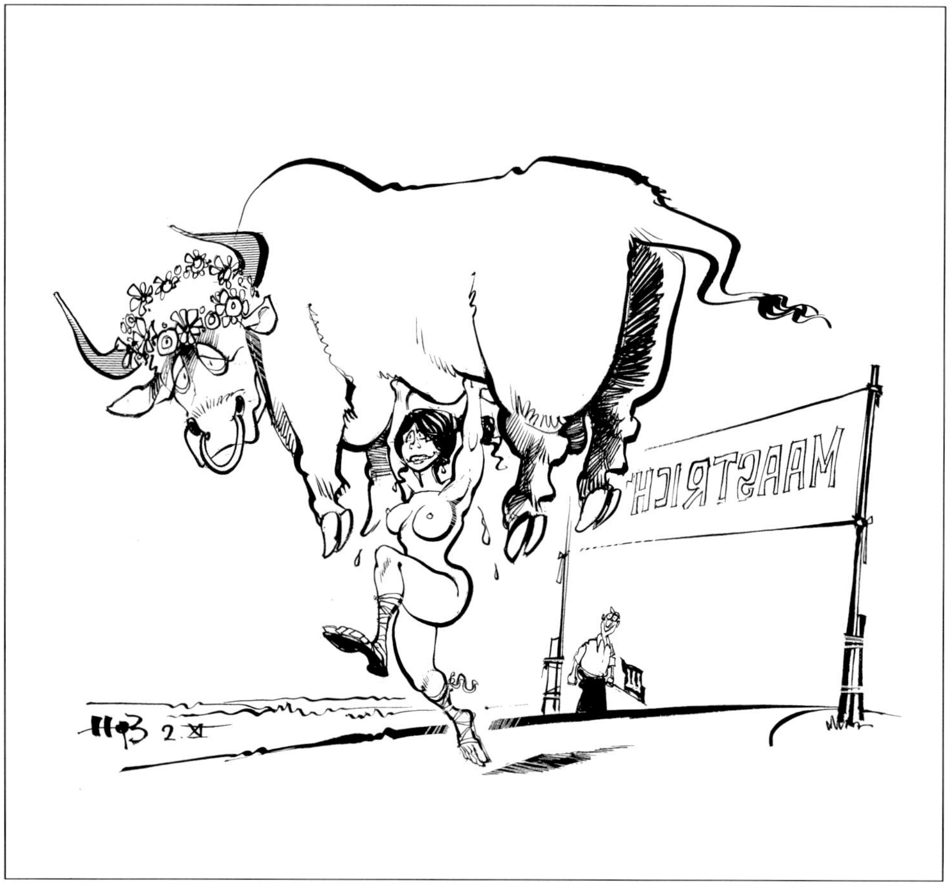

Europa durchs Etappenziel

November 1993: Die Beschlüsse von Maastricht treten in Kraft.

Die Reise nach Maastricht

September 1992: Die EG-Beschlüsse von Maastricht lösen in mehreren EG-Staaten Verunsicherung, Währungsspekulationen und eine drastische Abwertung von Pfund und Lira aus.

EUROPA
LIRA
FR
DM

»Oh Zeus, waren das Zeiten, als du noch ein Stier warst!«

Dezember 1983: Der EG-Gipfel in Athen scheitert an den Agrarproblemen.

Entführung der Europa

Juli 1986: Mit einem Koordinierungs- und Förderungsprogramm für Wissenschaft und Technik (EUREKA) versucht die EG, den Anschluß an Japan und die USA wieder herzustellen.

WIR ÜBER-HOLEN GLEICH DIE USA UND JAPAN!
WO? WANN?
EUROPA
EUREKA

»Also, wir fahren geradeaus!«

März 1987: In einer ausweglosen Situation beschließen die EG-Landwirtschaftsminister einen Produktionsabbau von Agrarerzeugnissen.

high noon

Januar 1989: Im Streit um die Einfuhr von in der EG nicht erlaubtem hormonbehandeltem Rindfleisch kommt es zwischen EG und USA zur Androhung von wechselseitigen Handelssanktionen.

HORMON
HORMON
HORMON
HORMON
EG

Schlichtweg geschmacklos?

Umstrittenes Haitzinger-Plakat

Heidemarie Wieczorek-Zeul, 51, stellvertretende SPD-Vorsitzende, zieht gegen ein Plakat zu Felde, mit dem das Europäische Parlament um Stimmen für die Europawahl im Juni werben will. Die vom Karikaturisten Horst Haitzinger gezeichnete, spärlich bekleidete Europa auf dem Stier sei „schlichtweg geschmacklos" und werte die Frauen ab, stellte die Europasprecherin der SPD in einem Brief an den Leiter des Informationsbüros des Europäischen Parlaments in Bonn, Klaus Löffler, fest. Dieses Plakat werde die Frauen, die immerhin mehr als die Hälfte der Wahlberechtigten stellen, mit Sicherheit nicht zum Urnengang bewegen. Löffler zeigte sich „überrascht" über den geharnischten Protest der SPD-Politikerin gegen das „Schmankerl", wie er das Plakat bezeichnet. Seine eigene Frau habe die Zeichnung lustig und sogar frauenfreundlich gefunden. Doch da die Zeichnung offenbar nicht „konsensfähig" sei, würden die bereits hergestellten Plakate, einige tausend, nun vermutlich eingestampft. Für diesen Fall gebe es schon Ersatz: ein Plakat mit dem Slogan „Europa – da ist Musik drin", auf dem die ersten Takte von Beethovens Hymne an die Freude künstlerisch dargestellt sind. „Dagegen wird wohl niemand was einzuwenden haben", hofft Löffler.

1994

(Aus: SPIEGEL Nr. 11/94)

Europawahl 1994

Horst Haitzinger

Europawahl 12. Juni

EUROPÄISCHES PARLAMENT

INFORMATIONSBÜRO FÜR DEUTSCHLAND
BONN-CENTER ■ BUNDESKANZLERPLATZ ■ D-53113 BONN

»...Im Gleichschritt Marsch!!!«

März 1994: Österreich, Finnland, Schweden und Norwegen treten der EU bei.

»Darf ich Sie um Begutachtung
meines korrigierten Entwurfs bitten,
Frau Wieczorek?«

1994

EU
WÄHLEN GEHEN!
EU
WÄHLEN GEHEN!
Europawahl 12. Juni
GESCHMACKLOSIGKEIT!

Europa, verfolgt von britischer Wahnsinnskuh

Juni 1990: Auf die Forderung verschiedener Europäer, dem »Rinderwahnsinn« in Großbritannien mit einem Importverbot für britisches Rindfleisch zu begegnen, droht Premierministerin Margaret Thatcher mit massiven Gegenmaßnahmen.

»Können Sie mir einen guten Tierarzt empfehlen, Herr Seehofer?«

Mai 1994: Mitten im Europawahlkampf treten in der Bundesrepublik die ersten Fälle des aus England eingeschleppten sogenannten »Rinderwahnsinns« auf.

EU
RINDER-
WAHNSINN
GREIFT UM SICH
12.
JUNI
'94

»Wenn Sie jetzt gleich einen dumpfen Knall hören, dann bin ich zusammengebrochen!«

Januar 1994: Die Wiedereinführung der 40-Stunden-Woche für Beamte in Bayern stößt auf lautstarke Proteste.

Europäische Einheit

Januar 1986: Die EG-Bürokratie produziert Jahr für Jahr Bestimmungen, Verordnungen usw. in unüberschaubarer Fülle.

ZUSATZ-VERORD
VERORDNUNG
VERORDNUNG
GESETZ
VERORDNUNG
ZUSATZ-VERORDNUNG Nr. 6709
GESETZ
BESTIMMUNG
GESETZ

»... schon eher auf dem Zahnfleisch!«

Juli 1991: Der bereits schwer angeschlagene GUS-Präsident Gorbatschow betont anläßlich seiner Westeuropareise, daß er nicht auf Knien komme.

Hilfe zur Selbsthilfe

August 1991: Die USA und die EG sehen sich nicht mehr in der Lage, den Niedergang der Regierung Gorbatschow mit Finanzspritzen zu stoppen.

SO LERNE ICH SCHWIMMEN
BAND I
UNSEREM LIEBEN GORBI.

»Hab' ich ein Gläschen zu viel, oder seh' ich recht?«

August 1993: Die Auseinandersetzungen zwischen Präsident Jelzin und dem nach wie vor kommunistisch beherrschten Parlament spitzen sich zu.

»War das nicht doch eine ganz gemütliche Villa, die wir da verlassen haben?«

Dezember 1992: Vor dem Hintergrund einer katastrophalen Wirtschaftslage und steigender Kriminalität verklärt sich für viele Russen die Erinnerung an die zusammengebrochene UdSSR.

UdSSR
FREIHEIT km?
DEMOKRATIE km?
MARKTWIRTSCH. km?

Der Mann am Steuer bleibt bei seiner Richtung

Februar 1994: Jelzins Reformkurs wird von einer kommunistisch und nationalistisch dominierten Parlamentsmehrheit unterlaufen.

Zar Boris auf dem Thron

Oktober 1993: Mit Hilfe einer noch loyalen Armee kann Präsident Jelzin den Putschversuch seiner Widersacher (Gegenpräsident Rutzkoi) niederschlagen.

ARMEE
H93

Der Geist aus der Urne

Dezember 1993: Aus den ersten freien Parlamentswahlen in Rußland gehen extreme Nationalisten und Kommunisten unerwartet stark hervor.

»Um Himmels willen, ich häng' an einer lockeren Schraube!«

Januar 1994: Der rechtsextreme Demagoge Wladimir Schirinowski gewinnt als stärkste Kraft die ersten freien Parlamentswahlen in Rußland und droht mit einem 3. Weltkrieg.

SCHIRINOWSKI
WELTFRIEDEN

Letzte Mobilmachung

August 1993: Das bedrängte Bosnien senkt das Alter seiner Wehrpflichtigen.

Auch ein Europameister

Oktober 1992: Während sich Europas Hauptinteresse auf die Fußballeuropameisterschaft konzentriert, intensivieren die Serben ihren blutigen Eroberungskrieg gegen Kroaten und Bosnier.

7
MILOŠEVIČ

Duales System

August 1993: Während die Serben bei den Genfer Friedensverhandlungen Kompromißbereitschaft signalisieren, wird Sarajevo weiterhin mit Raketen beschossen und ausgehungert.

»Langsam kapier' ich, wer die Verbrecher und wer die Opfer sind!«

Juni 1993: Der Versuch, die Kriegsgegner im ehemaligen Jugoslawien in Opfer und Täter zu sortieren, scheitert angesichts wechselseitiger Brutalitäten.

SERBE
KROATE
KROATE
SERBE
SERBE
MOSLEM
MOSLEM
SERBE
KROATE
MOSLEM
MOSLEM
KROATE
UN
EG

»Niedlich, gell?«

April 1994

»... die gute Nachricht: Ihr Verfolgungswahn ist gar keiner! ...«

Oktober 1993: Das organisierte Verbrechen nimmt europaweit zu.

RUSSEN MAFIA
Psychiater
DROG
OST-EUROPA-MAFIA
ITALO MAFIA

Präsidentenwahl auf italienisch

Mai 1992

»Oh Mamma mia, mich wundert nichts mehr!«

April 1993: Bis in die höchsten Regierungskreise reichen die Verbindungen des organisierten Verbrechens in Italien.

H93
ANDREOTTI–
MAFIA!

Herzlich willkommen!

Oktober 1992: Während die politischen Beziehungen zwischen England und Deutschland spannungsgeladen sind, besucht das englische Königspaar die Bundesrepublik.

»Wie nett, der englische Beitrag ist auch schon fertig!«

Juli 1990: Ein Kabinettsmitglied der Regierung Thatcher sieht im wiedervereinten Deutschland das 4. Reich und vergleicht Kanzler Kohl mit Hitler.

GERMANY
KRAUT
KRAUT
KRAUT
HIER ENTSTEHT DAS
GEMEINSAME HAUS
EUROPA

»Dagegen sind deine Geschichten langsam kalter Tee, William!«

September 1992

»Sagtest du eben etwas, Andrew?«

September 1992: Das Britische Königshaus wird durch Krisen und Affären in den Ehen von Prinz Charles und Prinz Andrew erschüttert.

Ihr Schlapp-
schwänze!
HENRY VIII
FERGIE & DIANA

Pressefreiheit!

August 1988: Im Geiseldrama von Gladbeck (zwei Tote) kommt es zu Behinderungen der Polizei durch die Presse und zu teilweiser Kumpanei zwischen Presse und Gangstern.

»Wie kommst du ausgerechnet jetzt auf Journalismus?«

1993

DIE HEIMLICHEN LIEBES-TELEFONATE:
DER KOMPLETTE WORTLAUT
CHARLES:
CAMILLA:
CHARLES:
CAMILLA:

»Wie entsorgen Sie denn?«

April 1993: Die täglichen Horrormeldungen aus den Kriegsgebieten des ehemaligen Jugoslawien übersteigen längst die Aufnahmebereitschaft des durchschnittlichen Zeitgenossen.

Die nächste Reality-Show kommt bestimmt

Mai 1993: Im Kampf um die höheren Einschaltquoten greifen die privaten Fernsehsender zu immer fragwürdigeren Methoden.

für Exklusivrechte an Massenver-gewaltigungen, o.k.?!
TV
PRIVAT

Deutsch-französischer Hochsommer

August 1993: Der Streit um das Europäische Währungssystem ist Anlaß für ein Stimmungstief zwischen Frankreich und Deutschland.

Kohlumbus, der Entdecker Europas

»Übernimm dich nicht, Helmut!«

Dezember 1991: Nach dem Vollzug der Deutschen Einheit will sich der Kanzler auch als Europapolitiker profilieren.

Kohlumbus, der Entdecker Europas

Januar 1992: Helmut Kohl sieht sich als Vorreiter im Bemühen um eine Europäische Union.

DM

»Lassen Sie diesen Quatsch, Geißler!«

November 1993: Heiner Geißler reagiert mit scharfer Polemik auf Ministerpräsident Stoibers Europakritik.

Entführung auf bayerisch

November 1993: Bayerns Ministerpräsident Stoiber geht auf Distanz zum Europakurs der Bundesregierung und propagiert seine eigenen Vorstellungen.

EUROPA

»Darf auch einige Nummern kleiner sein!«

September 1993: Helmut Kohl auf der Suche nach einem Präsidentschaftskandidaten für die Union.

Homunkohlus

Oktober 1993: Kanzler Kohl setzt seinen Favoriten Steffen Heitmann als Kandidaten um das Amt des Bundespräsidenten in der CDU durch.

CHWARZE
MAGIE

»Papi, ich bin's!«

Mai 1994: Roman Herzog wird im dritten Wahlgang zum Bundespräsidenten gewählt.

Herzog Roman

Januar 1994: Roman Herzog wird nach dem Scheitern Steffen Heitmanns neuer Unionskandidat für das Amt des Bundespräsidenten.

VILLA
HAMMERSCH

Ausladungskarte für das Sommerfest 1994

Mai 1994: Der Kanzler sagt aus Spargründen das sonst übliche jährliche Bonner Sommerfest ab.

Bayreuth in Bonn: Neuinszenierung von »Das Rheingold«

Juli 1993: Während in Bayreuth die Richard-Wagner-Festspiele eröffnet werden, sieht sich die Bonner Koalition vor einem neuen Haushaltsdefizit.

OH WAIGELA WEIA!
CDU
CSU
F.D.P.
BUNDESHAUSHALT

Aschenputtel '92

Januar 1992: Die Justiz des vereinten Deutschlands tut sich schwer, die DDR-Vergangenheit gerecht aufzuarbeiten.

Souvenir, Souvenir...

November 1992: Der Prozeß gegen Erich Honecker beginnt.

BERLINER LANDGERICHT
PROZESS
E. HONECKER
ECHTE STÜCKE DER
BERLINER MAUER
(MIT EINSCHUSSLÖCHERN!)
ECHTE STÜCKE VOM
ROTEN TEPPICH
FÜR E.H. IN BONN 1987

»... weil du grad so unausgelastet rumstehst!«

März 1991: Bundespräsident von Weizsäcker setzt sich entschieden für Berlin als künftige Bundeshauptstadt ein.

Alptraum eines Bonners

August 1990: Durch die Entscheidung für Berlin als künftige Bundeshauptstadt werden in Bonn Zukunftsängste geweckt.

BONN
GUTE NACHT
GUTE NACHT
BERLIN HAUPTSTADT?

Mai 1991: Björn Engholm wird Nachfolger von Hans-Jochen Vogel als SPD-Vorsitzender.

»... den? ... oder doch lieber den anderen?«

Juni 1993: Nach Björn Engholms Rücktritt wird Rudolf Scharping gegen Gerhard Schröder und Heidemarie Wieczorek-Zeul neuer SPD-Vorsitzender und Kanzlerkandidat der SPD.

SPD
SPD
SPD
SPD
SPD
SPD
SPD
SPD
SPD
SPD
SPD

Countdown in Wiesbaden

November 1993: SPD-Parteitag in Wiesbaden

»Industriespionage lohnt sich bei den beiden wohl kaum!«

August 1993

AUTOHAUS
BONN
UNION
SPD

Marketenderin

Januar 1994

»Brigitte scheint grad' wieder ein Interview zu geben!«

Januar 1994: Willy Brandts Witwe Brigitte bringt die SPD mit angeblich neuen Enthüllungen über Herbert Wehner in Verlegenheit.

H94
UNSEREM
LIEBEN
ONKEL HERBERT
VON SEINER
SPD

September 1993: Berlin unterliegt in der Bewerbung um die Olympischen Spiele 2000 gegen Sydney.

Olympisches Feuer

1993: Allein die Bewerbung um die Olympischen Spiele für Berlin kostet den Steuerzahler Millionenbeträge.

BEWERBUNG
2000
ttq3

»...Alle so schön auf einem Haufen!«

August 1993: In Fulda findet, von Justiz und Polizei unbehelligt, ein großes Treffen von rechtsradikalen Gruppen statt.

»Hochwasser«

Oktober 1992: In Rostock und anderen deutschen Städten werden Brandanschläge gegen Asylantenheime verübt, teilweise mit der passiven Billigung vieler Schaulustiger.

AUS-
LÄNDER
RAUS
AUSLÄNDER RAUS

Der Gipfel!

Juli 1992

»Ob da wohl wieder ein Wirtschafts-
gipfel von Trillerpfeifen terrorisiert
wird?«

»Ob da wohl wieder
ein Asylantenheim brennt?«

September 1992: Der Weltwirtschaftsgipfel in München wird mit einem teilweise unverhältnismäßigen Polizeiaufgebot und unnötigen Härten auch gegen friedliche Demonstranten geschützt.

OLIZEI

Lauschabwehr

November 1993

Der Kleine Lauschangriff

September 1993: Die FDP ist im Streit um den Großen Lauschangriff gegen das organisierte Verbrechen nur zu einer eingeschränkten und sicher wirkungslosen Variante bereit.

MAFIA e.V.
BÜRO u. ABHÖRStd. MO.-FR.
10-12 14-16 Uhr
HEROIN
...ÜB IMMER TREU UND REDLICHKEIT...
F.D.P.

»Raubritter!!!«

Juli 1993

»Wir haben uns genau an die von Lopez mitgebrachten Konstruktionspläne gehalten!«

August 1993: Der Wechsel des Spitzenmanagers Lopez von Opel zu VW löst die bis dahin größte Affäre um Wirtschaftsspionage in Deutschland aus.

TEST-
GELÄNDE
OPEL
TOP SECRET!

»Also dann, in diesem Sinne!«

Januar 1994

»Hier ist ein Politikverdrossener,
ich hätte da eine Idee für Sie,
Herr Christo!«

Februar 1994: Der Verpackungskünstler Christo erhält vom Bundestag die Erlaubnis, den Berliner Reichstag zu verpacken.

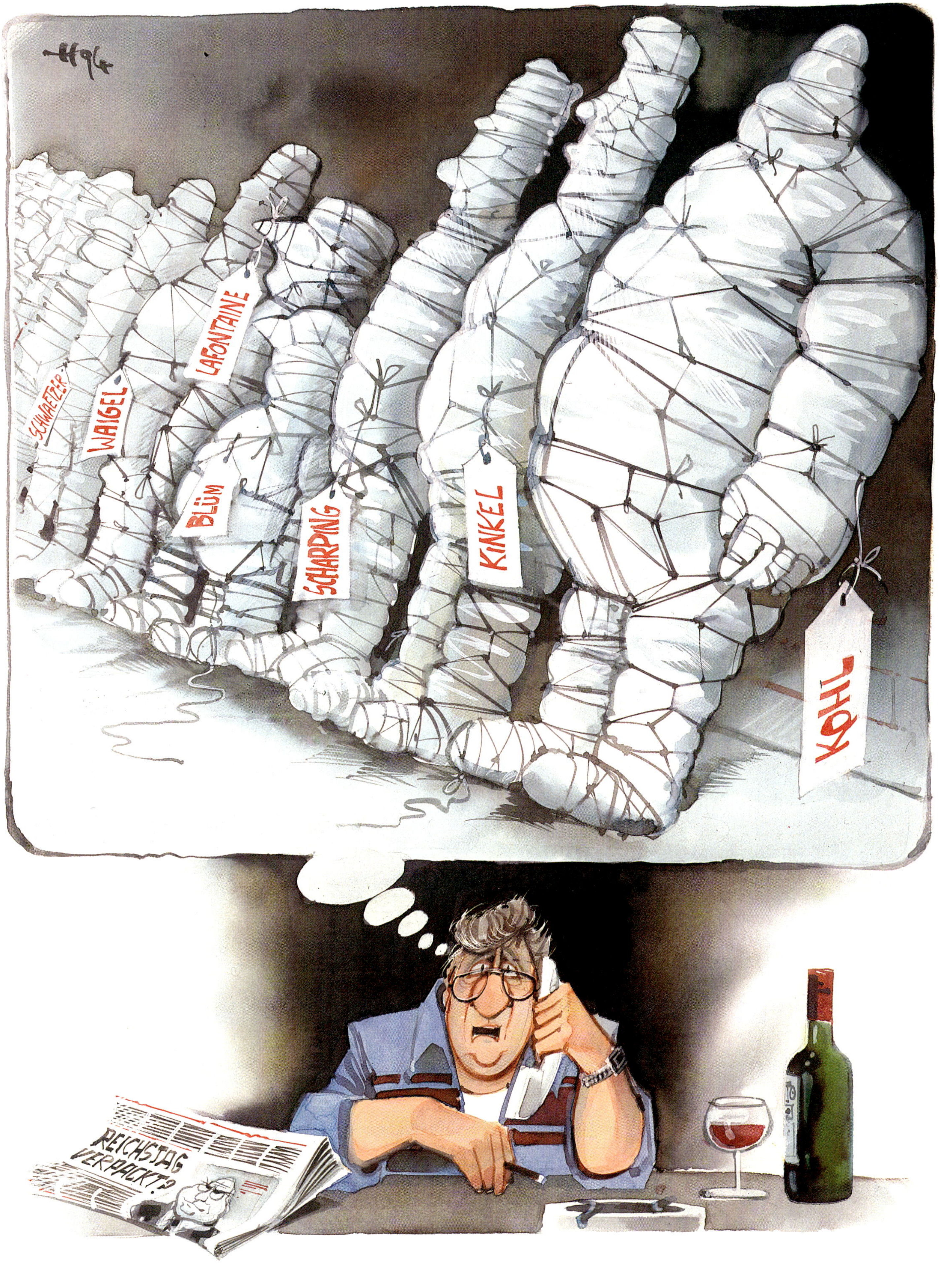
SCHWAETZER
WAIGEL
LAFONTAINE
BLÜM
SCHARPING
KINKEL
KOHL
REICHSTAG VERPACKT?

»Käpt'n! Das Beschwerdebuch, bitte!!!«

Oktober 1993

Schiff in Not

1993: Im Streit um die Finanzierung der Pflegeversicherung stößt vor allem der Vorschlag, zwei Urlaubstage zu streichen, auf heftige Empörung der Betroffenen.

Hiiiiiiiiiiiiiiiilfeee,
man nimmt uns hier
zwei Urlaubstage!!!
DEUTSCHLAND
OST-EUROPA
AFRIKA

»Hallo, gibt's hier was zu tun?, ...Hallo??, ...Hallo???...«

September 1988: Die Reparatur der bisher angerichteten Umweltschäden würde Arbeitsplätze in umfangreichem Ausmaß bieten, wenn dafür Gelder bereitstünden.

Zwischen Euroklinik und Globalfriedhof

»... So weit der Wetterbericht, und nun noch die Umweltkatastrophen vom Tage!«

März 1993

Letzte Ölung

Januar 1993: Vor den Shetlandinseln ereignet sich das bis dahin größte Tankerunglück in der Nordsee mit unabsehbaren ökologischen Folgen.

ALASKA
GOLF
ADRIA
SPAN.
SHET-LAND
H93

November 1987: Auf der Nordseekonferenz 1987 schieben sich die Teilnehmerstaaten gegenseitig die Schuld und mangelnde Verantwortung für den alarmierenden Zustand der Nordsee zu.

Noah '93

Januar 1993

Gipfel, Gipfel, Gipfel!

Dezember 1992: Die Umweltkonferenz in Rio endet mit einer offensichtlichen Diskrepanz zwischen Aufwand und Ergebnis.

»...In diese Nitratbrühe? Nicht für 1000 Küsse!«

September 1989: Die Angleichung der deutschen Wasserqualität an die EG-Werte bringt eine wesentliche Verschlechterung der bisher geltenden Norm mit sich.

EG-
WERTE
FÜR WASSE
QUALITÄT

»Was hast du denn hier schon wieder zu suchen?!«

August 1993: Mitglieder von Greenpeace demonstrieren mit Sitzblockaden vor der Zufahrt zum Endlager Gorleben gegen atomare Boden- und Grundwasserverseuchung.

»Die Welt kann aufatmen, es wird saniert!«

März 1993: Die USA und Europa sagen den GUS-Staaten Finanzhilfe bei der Sanierung ihrer defekten und veralteten Kernkraftwerke zu.

WESTLICHE HILFE
LEIM
KERNKRAFT OSTEUROPA

Dezember 1988: Auch nach einer Reihe von Störfällen in deutschen Atomkraftwerken reagiert die Atomindustrie nur mit selbstgefälliger Beschwichtigung.

»Meinst du, daß uns das noch interessieren muß, Väterchen?«

April 1993: Jahre nach der größten Umweltkatastrophe befinden sich die meisten Kernkraftwerke Osteuropas in einem ebenso desolaten Zustand wie die immer noch in Betrieb befindliche Zeitbombe Tschernobyl.

Nr. 5
Nr. 6
Nr. 3
TSCHER-
NOBYL
Nr. 2
Nr. 4
MACHTKAMPF
UM JELZIN
GEHT WEITER!

Unterwegs zum Bananenmarkt

Februar 1993: Durch Einfuhrzölle soll den in der EG produzierten Bananen ein Wettbewerbsvorteil auf Kosten der Bananenproduzenten in der 3. Welt gesichert werden.

Hier entsteht demnächst ein Urlaubsparadies

1993

HOLIDAY SUPER HOTEL
Club Adam & Eve
DISCO

Sonnenuntergang (sehr frei nach Caspar David Friedrich)

September 1993

Entsorger unterwegs

Januar 1992: Mit Ratlosigkeit und Verunsicherung reagiert der Verbraucher auf den Grünen Punkt – das »Duale System«, das zum Abbau der Müllberge kaum einen Beitrag leistet.

BUDESREP
DEUTSCHL

»Na bitte, es geht doch aufwärts hierzulande!«

Juli 1991: Mit dem Zuwachs an schnelleren Autos in den neuen Bundesländern steigt dort die Zahl der tödlichen Unfälle dramatisch an.

»Der ADAC hat recht, wir brauchen mehr Straßen!«

Juli 1993: Trotz einem der dichtesten Straßennetze der Welt gibt es zur Ferienzeit wieder endlose Staus im deutschen Urlaubsverkehr.

STAU
STAU
STAU
STAU
STAU
STAU!

»…Lust habe ich auch keine, aber wenn ich schon die Autobahngebühr bezahle…!«

Februar 1993: Die Bundesregierung erwägt die Einführung einer Autobahngebühr.

»…statt dessen muß da natürlich ein Fahrradständer für Mountainbikes rauf!«
(frei nach Caspar David Friedrich)

Oktober 1993: Das an sich umweltfreundliche Verkehrsmittel Fahrrad wird durch den extremen Einsatz als Massensportartikel (Mountainbikes) wiederum zu einem naturzerstörenden Faktor.

SPORT
SUPER
TOURISTIK
EX
&
HOP

»...und das nicht nur zur Weihnachtszeit...!«

Dezember 1993

WAS WÜRDE DENN PASSIEREN, WENN DER REST DER MENSCHHEIT AUCH SO LEBEN DÜRFTE WIE DIE DEUTSCHEN ??
DAS!

»Laß jetzt diesen Unfug, Albrecht, es sind hier noch 20 kleine Aufträge bis Ostern zu erledigen!«

1979

Gebrauchsgraphik

Vor der Müllflut rettet uns keine Arche!

Aktion Abfall vermeiden der Ostfriesischen Inseln

unterstutzt durch Bundesumweltministerium, Umweltbundesamt und Umweltstiftung WWF-Deutschland

Aus der Müllflut rettet keine Arche

1992

1985: Buchcover

1993: Jubiläumsposter für Bund Naturschutz

80 Jahre
Bund Naturschutz in Bayern

Partnerlook

Januar 1987: Titel für die Zeitschrift Nationalpark

1993: Jubiläumsposter für Bund Naturschutz

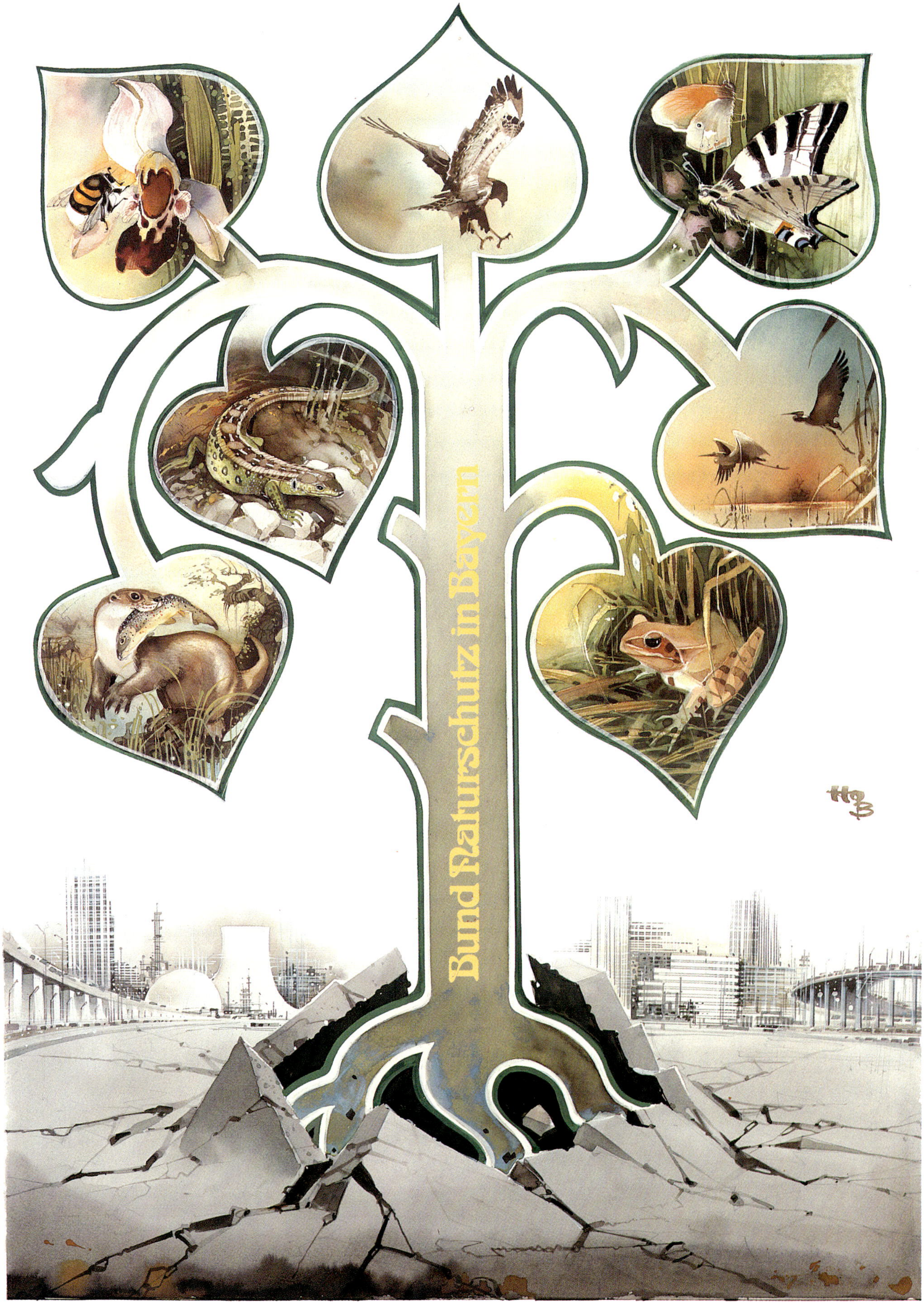
Bund Naturschutz in Bayern

Juli 1990: Titel für die Zeitschrift Nationalpark

Juni 1991: WWF-Poster »Rettet die Korallenriffe!«

WWF

Der achte Schöpfungstag

Juni 1987: Titel für das »WWF Journal«

1992: Plakat zum 30jährigen Jubiläum des WWF

HAPPY BIRTHDAY
30 JAHRE WWF

Cover für CD
von Hanns Christian Müller
»Die guten Zeiten«

1991

Cover für CD
von Hanns Christian Müller
»Zeit lassn«

(1991: vor Jurassic-Park-Welle!)

Hanns Christian Müller
Zeit
lassn
Yuppie fliegt!

1992: Logo für eine Carl-Orff-Ausstellung in Andechs

1992: Plakat für Opernhaus Dortmund

Uraufführung Opernhaus Dortmund

1993: Plakat für »Musiknacht im Prinz«-Regententheater, München

Musiker aus 5 Erdteilen
gegen Krieg und Gewalt
Generalintendanz der Bayer. Staatstheater
in Zusammenarbeit mit dem B.R.
Samstag, 26. Juni 1993, 17°° Uhr von »5°° bis 5°°«
»Musiknacht im Prinz«-Regententheater
Künstlerische Leitung: Wilfried Hiller
Karten zu 35,– DM an der Opernkasse (Tel. 221316)
AZ-Schalterhalle (Tel. 267024)
und Kiosk im Marienplatz (Tel. 229608)

Biographie

Geboren wurde Horst Haitzinger am 19. Juni 1939 in Eferding/Oberösterreich. Seine künstlerische Ausbildung begann mit einem vierjährigen Studium der Gebrauchsgraphik an der Kunstgewerbeschule in Linz an der Donau. Anschließend folgten zwölf Semester Malerei und Graphik an der Akademie der Bildenden Künste in München.
1958 erscheinen die ersten politischen Karikaturen im »Simplicissimus«; von diesem Zeitpunkt an war Haitzinger ständiger Mitarbeiter dieser Zeitschrift. Seit Abschluß des Akademiestudiums ist Haitzinger freiberuflich tätig als Maler und Karikaturist für mehrere bekannte Zeitungen und Zeitschriften. Seine Zeichnungen und Ölbilder (phantastischer Realismus) und seine politischen Karikaturen werden auf zahlreichen Ausstellungen im In- und Ausland gezeigt. Haitzinger lebt und arbeitet in München.
Seit 1972 erscheint jährlich eine Zusammenstellung der besten politischen Karikaturen des Jahres als Sammelband im Bruckmann Verlag, München. Daneben sind verschiedene großformatige, farbig bebilderte Bände lieferbar, u. a. BONNzen-Album, Bonnoptikum, Globetrottel, Deutschland/Deutschland und Weltsch(m)erz.